똑똑해지는 NEW 숨은그림찾기 7

게임

아라미

이렇게 활용하세요!

숨은그림찾기의 세계로 오신 것을 환영합니다.
그림 속에 숨은 그림을 찾으며 즐거운 시간을 보내세요!

숨은그림찾기를 하면서 관찰력, 주의력, 집중력을 키워요.

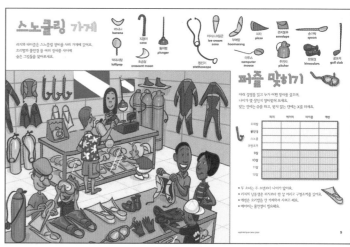

퍼즐 맞히기, 생각해 보세요를 하면서 사고력이 자라요.

숨은 그림에 스티커 붙이고 색칠하기, 내가 직접 만드는
숨은그림찾기 등의 활동을 통해 창의력과 상상력이 쑥쑥 자라요.

숨은그림찾기 이래서 좋아요!

- 숨은 그림을 찾으면서 주의력과 집중력이 자랍니다.
- 하나하나 세밀하게 살피는 관찰력을 키워 줍니다.
- 숨은 그림을 다 찾으려면 인내와 끈기가 필요합니다.
- 높은 성취감과 성실한 학습 태도를 길러 줍니다.

Highlights

Eagle-Eye Hidden Pictures

7권

차례

30쪽에서
이 그림을 찾아보세요.

27쪽에서
이 그림을 찾아보세요.

4쪽에서
이 그림을 찾아보세요.

COVER ILLUSTRATED BY JEF CZEKAJ

봄맞이 청소

다람쥐들과 공원을 청소하며
숨은 그림들을 찾아보세요.

물고기
fish

자석
magnet

골무
thimble

칫솔
toothbrush

지팡이
cane

올리브
olive

하트
heart

아이스크림콘
ice-cream cone

돛단배
sailboat

하키스틱
hockey stick

박쥐
bat

머리빗
comb

숟가락
spoon

고양이
cat

배드민턴 경기 스티커 색칠하기

친구들끼리 편을 나눠 배드민턴 경기를 하고 있어요.
숨은 그림을 찾아 스티커를 붙인 후 예쁘게 색칠하세요.

스노클링 가게

리지와 마이클은 스노클링 장비를 사러 가게에 갔어요.
오리발과 물안경 등 여러 장비들 사이에
숨은 그림들을 찾아보세요.

바나나
banana

막대사탕
lollipop

지팡이
cane

초승달
crescent moon

뚫어뻥
plunger

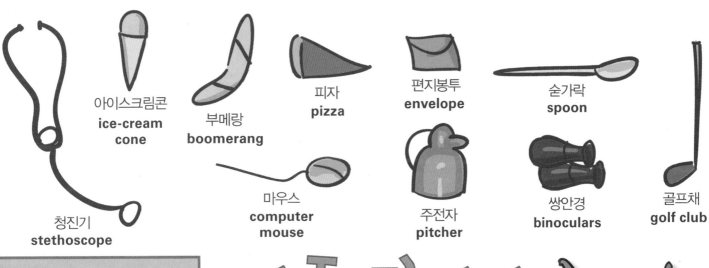

아이스크림콘
ice-cream cone

청진기
stethoscope

부메랑
boomerang

피자
pizza

편지봉투
envelope

숟가락
spoon

마우스
computer mouse

주전자
pitcher

쌍안경
binoculars

골프채
golf club

퍼즐 맞히기

아래 설명을 읽고 누가 어떤 장비를 샀으며,
나이가 몇 살인지 알아맞혀 보세요.
맞는 칸에는 O를 하고, 맞지 않는 칸에는 X를 하세요.

	리지	에이미	마이클	에반
오리발				
물안경				
스노클				
구명조끼				
9살				
10살				
11살				
12살				

- 두 소녀는 두 소년보다 나이가 많아요.
- 리지의 남동생은 리지보다 한 살 어리고 구명조끼를 샀어요.
- 에반은 오리발을 안 가져와서 사려고 해요.
- 에이미는 물안경이 필요해요.

도전해 보세요!

배 위의 수영장에 30개의 숨은 그림이 있대요.
하지만 어떤 그림이 숨어 있는지는 알 수 없어요.
자, 숨은그림찾기에 도전해 보세요!

ILLUSTRATED BY PAULA BECKER

피아노 레슨

피아노 연주를 들으며
숨은 그림들을 찾아보세요.

ILLUSTRATED BY JACKIE STAFFORD

허리띠
belt

깡통
can

땅콩
peanut

포크
fork

그믐달
crescent moon

낚싯바늘
fishhook

열쇠
key

삼각깃발
pennant

연필
pencil

머리빗
comb

신발
shoe

볼링공
bowling ball

하트
heart

붓
artist's brush

콧수염
mustache

12

내가 만드는
숨은그림찾기

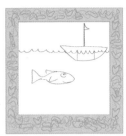

그림을 그려서 아래 왕관을 숨겨 보세요. 어떻게 해야 할지 잘 모르겠으면 위 그림을 참고하세요.

아기 캥거루들의 뜀뛰기

아기 캥거루들은 팔짝팔짝 뛰는 것을 좋아해요.
숨어 있는 부메랑 20개를 찾아보세요.

14

생각해 보세요!

캥거루는 쿵쿵 발을 굴러 위험을 알려요. 사람들은 어떤 방법으로 위험을 알릴까요?

여러분 몸에 캥거루처럼 큰 주머니가 달렸다면 무엇을 넣고 다닐 건가요?

걷지 않고 움직일 수 있는 방법 세 가지를 말해 보세요.

캥거루는 다른 동물들과 어떤 점이 다른가요? 또 어떤 점이 같나요?

긴 꼬리, 큰 귀, 큰 발 중에 어떤 것을 갖고 싶나요? 왜 그런지 이유를 말해 보세요.

부메랑처럼 다시 돌아오는 것에는 어떤 것이 있나요?

새들의 노래 경연

새들이 노래 경연에서 실력을 뽐내고 있어요.
숨은 그림을 찾아 스티커를 붙인 후 예쁘게 색칠하세요.

스티커   색칠하기

외계인의 지구 탐험

재즈

사람들이 왜 뛰고 있을까?

괴물에게 쫓기는 것 같아. 지구에도 괴물이 있지 않을까?

글쎄… 내 생각엔 경주를 하는 것 같아. 우리도 함께 달려 보자.

싫어! 난 괴물에게 잡아먹히기 싫다고.

저클

숨은 그림을 찾아보세요.

빨대
drinking straw

자
ruler

식빵
slice of bread

이구아나
iguana

거북
turtle

말발굽
horseshoe

페인트 붓
paintbrush

오이
cucumber

팝콘
popcorn

국자
ladle

포크
fork

파도
wave

핫도그
hot dog

WRITTEN BY ANDREW BRISMAN; ILLUSTRATED BY GIDEON KENDALL

19

숨은 조각 찾기

오른쪽 그림에서 아래 퍼즐 조각 일곱 개를 찾아보세요.

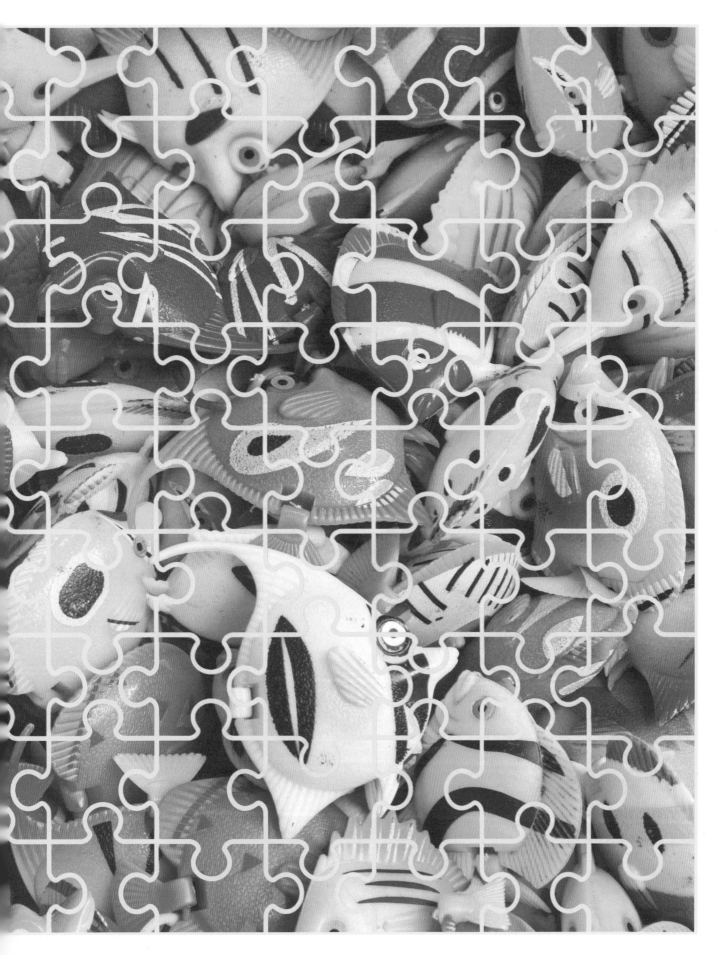

하이디와 지크
사라진 연을 찾아라!

어느 바람 부는 날, 하이디와 지크는 연날리기 대회를 보러 공원에 갔어요.

하늘에 떠 있는 각양각색의 연들을 보고 있는데 친구 엘라가 달려왔어요.

"하이디, 도와줘. 실수로 연줄을 놓쳐서 연이 날아가 버렸는데 찾을 수가 없어."

엘라가 울상을 지으며 말했어요.

"저런, 지크와 내가 찾아 줄게. 어디서 연을 날렸니? 색깔도 알려 줘."

하이디가 물었어요.

"초록색 연이고, 저기 나무가 있는 풀밭에서 날렸어."

하이디와 지크는 숲 주변을 돌아다니며 엘라의 초록 연을 찾아보았어요.

그때 지크가 멍멍 짖었어요. 하이디가 달려가 보니, 나뭇가지 사이에 연줄이 걸려 있네요.

"엘라, 이 엉킨 실을 풀어야겠는걸?"

엉킨 실을 따라가 보세요. 그러면 엘라의 초록 연을 찾을 수 있어요.

그리고 다른 숨은 그림들도 찾아보세요.

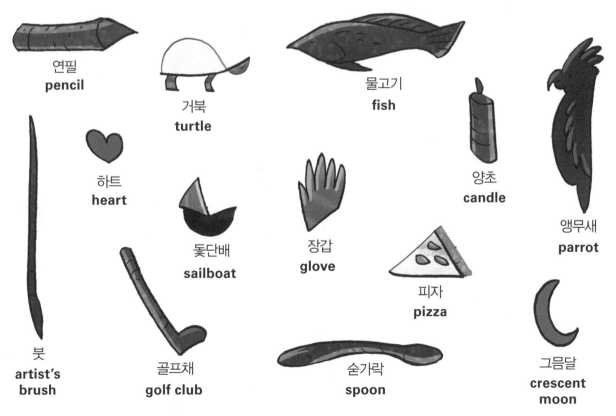

연필
pencil

거북
turtle

물고기
fish

양초
candle

앵무새
parrot

하트
heart

돛단배
sailboat

장갑
glove

피자
pizza

붓
artist's brush

골프채
golf club

숟가락
spoon

그믐달
crescent moon

23

WRITTEN BY JULIE WINTERBOTTOM; ILLUSTRATED BY CHUCK DILLON

말 타기 체험

스티커   색칠하기

말을 타고 사막을 구경하고 있어요.
숨은 그림을 찾아 스티커를 붙인 후 예쁘게 색칠하세요.

아이스크림 가게

아이스크림은 더운 여름 최고의 간식이에요.
시원하고 달콤한 아이스크림을 먹으며 숨은 그림을 찾아보세요.

깔때기
funnel

찻잔
teacup

지팡이
cane

	피자 pizza	왕관 crown		포크 fork			가위 scissors

피자
pizza

왕관
crown

포크
fork

국자
ladle

가위
scissors

연필
pencil

편지봉투
envelope

나뭇잎
leaf

괭이
hoe

손전등
flashlight

그믐달
crescent
moon

퍼즐 맞히기

아래 설명을 읽고 누가 어떤 맛과 토핑을 주문했는지 알아맞혀 보세요.
맞는 칸에는 O를 하고, 맞지 않는 칸에는 X를 하세요.

	캐서린	올리버	레나	다니엘
바닐라 맛				
초콜릿 맛				
딸기 맛				
아몬드 맛				
견과류				
휘핑크림				
초콜릿 시럽				
알록달록 가루				

- 캐서린은 견과류 알레르기가 있어요. 견과류는 단단한 껍데기에 싸여 한 개의 씨만 들어 있는 나무 열매를 말해요. 밤, 도토리, 호두 등이 있어요.
- 다니엘은 맛과 토핑이 같아요.
- 누군가는 바닐라 맛에 알록달록한 토핑을 좋아해요.
- 올리버는 과일 맛을 좋아해요. 두 소년 모두 크림을 좋아하지 않아요.

ILLUSTRATED BY PAULA BECKER

27

색깔 점토 만들기

준비물
- 밀가루 2컵 • 소금 ½컵 • 식물성 오일 2티스푼
- 타르타르 크림 1½티스푼 • 뜨거운 물 2컵
- 식용 색소 • 넓은 쟁반 • 어른의 도움

1 큰 그릇에 밀가루, 소금, 식물성 오일, 타르타르 크림을 넣고
숟가락으로 잘 섞어 주세요.

2 부모님께 뜨거운 물을 부어 달라고 한 후,
반죽이 될 때까지 잘 저어 주세요.

3 식용 색소 두 방울을 넣고 잘 섞이도록 저어 주세요.

4 넓은 쟁반에 반죽을 부은 다음 평평하게 잘 펴 주세요.
그리고서 반죽이 식을 때까지 기다리세요.

5 반죽이 다 식으면 손에 식물성 오일을 바르고 반죽을 주물러 주세요.
어느 순간 반죽이 끈적이지 않고 부드러워진답니다.
만약 계속 끈적거린다면 밀가루를 조금 더 넣고 반죽을 주물러 주세요.

6 자, 이제 색깔 점토가 완성되었어요.
점토를 가지고 만들고 싶은 모양을 만들어 보세요!

*점토를 다 사용한 후에는 밀폐 용기에 보관하세요.
안 그러면 딱딱하게 굳는답니다.

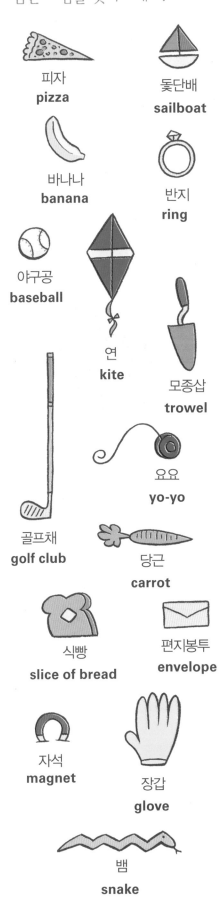

피자
pizza

돛단배
sailboat

바나나
banana

반지
ring

야구공
baseball

연
kite

모종삽
trowel

요요
yo-yo

골프채
golf club

당근
carrot

식빵
slice of bread

편지봉투
envelope

자석
magnet

장갑
glove

뱀
snake

ILLUSTRATED BY KELLY KENNEDY

파도타기

철썩철썩 파도치는 해변에
숨은 그림들을 찾아보세요.

ILLUSTRATED BY JACKIE STAFFORD

종이비행기
**paper
airplane**

찻잔
teacup

편지봉투
envelope

막대사탕
lollipop

뼈다귀
dog bone

박쥐
bat

모자
hat

피자
pizza

지팡이
cane

사다리
ladder

30 숟가락
spoon

압정
tack

손전등
flashlight

나무망치
mallet

뒤집개
spatula

내가 만드는
숨은 그림찾기

그림을 그려서 아래 나뭇잎을 숨겨 보세요. 어떻게 해야 할지 잘 모르겠으면 위 그림을 참고하세요.

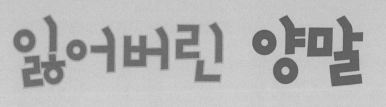

잃어버린 양말

공동 빨래방에서 빨래를 하다 보면 종종 양말을 잃어버려요.
숨어 있는 20개의 양말을 찾아보세요.

생각해 보세요!

사람은 자라면서 왜 발 크기가 변할까요?

양말과 신발은 어떤 점에서 같고, 또 어떤 점에서 다른가요?

양말과 바지는 왜 하나로 붙어 있지 않고 떨어져 있나요?

또 양말과 신발은 왜 하나로 붙어 있지 않고 떨어져 있나요?

여러분만의 양말을 디자인해 보세요.

양말 한 짝을 잃어버리면 다른 한 짝으로 무엇을 할 수 있을까요?

장갑은 손가락 끼우는 곳이 있어요. 양말은 왜 발가락 끼우는 곳이 없나요?

여러분은 어떤 색상의 양말을 갖고 있나요? 지금 신고 있는 양말의 색깔과 무늬를 말해 보세요.

외계인의 지구 탐험

으, 냄새! 인간들이 냄새나는 축구 게임을 또 하고 있어!

재츠

저 공은 더러워서 발로만 만져야 되고, 손으로는 만지면 안 되는 게임이야.

그런데 골키퍼는 손을 사용할 수 있어.

으, 나는 절대 골키퍼와 악수하지 않을 거야.

저클

숨은 그림을 찾아보세요.

버섯
mushroom

올리브
olive

포크
fork

악어
alligator

머핀
muffin

뼈다귀
dog bone

반창고
adhesive bandage

사다리
ladder

빨대
drinking straw

카멜레온
chameleon

말발굽
horseshoe

물고기
fish

WRITTEN BY ANDREW BRISMAN;
ILLUSTRATED BY GIDEON KENDALL

바닷가재들의 레슬링

바닷가재들이 레슬링을 하고 있어요.
숨은 그림을 찾아 스티커를 붙인 후 예쁘게 색칠하세요.

스티커　**색칠하기**

멍멍이 수영장

개들이 첨벙첨벙 신나게 물놀이를 하고 있어요.
수영장에 숨은 그림들을 찾아보세요.

양말
sock

물고기
fish

막대 사탕
lollipop

자
ruler

박쥐
bat

풍선
balloon

그믐달
**crescent
moon**

솜사탕
**cotton
candy**

숟가락
spoon

말발굽
horseshoe

낚싯바늘
fishhook

양초
candle

요리사 모자
chef's hat

장갑
glove

바나나
banana

하키스틱
**hockey
stick**

ILLUSTRATED BY MIKE DAMMER

39

하이디와 지크
사라진 선로를 찾아라!

마이클은 장난감 박물관으로 소풍을 갔어요.

박물관에는 미니어처 기차가 전시되어 있었어요. 그런데 선로 조각이 없어져서 달릴 수 없대요.

마이클은 하이디에게 전화해서 박물관으로 빨리 오라고 했어요.

하이디는 헐레벌떡 박물관으로 달려왔어요.

"와! 이 전시 정말 멋지다. 마을을 축소해서 진짜처럼 만들어 놓다니!

나도 기차가 달리는 걸 보고 싶은걸? 지크, 우리 어서 선로를 찾자!"

지크는 바닥을, 하이디는 미니어처 마을을 살폈어요.

그때 하이디가 뭔가를 발견하고 말했어요.

"아하! 사다리를 이용하면 기차가 달릴 수 있겠어!"

잃어버린 선로를 찾아보세요. 그리고 다른 숨은 그림들도 찾아보세요.

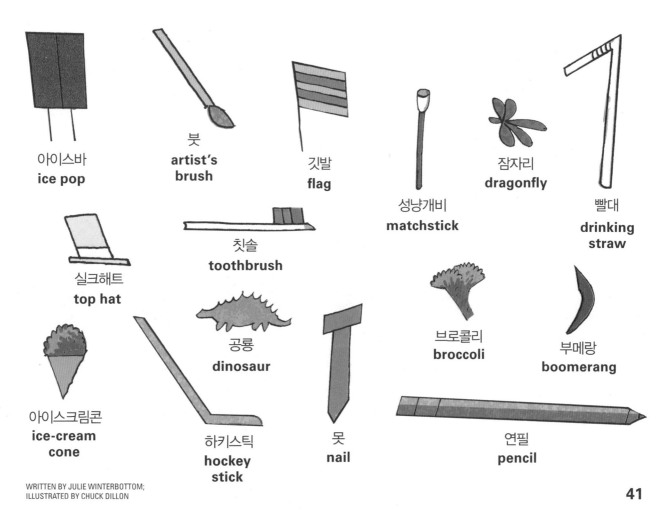

아이스바
ice pop

붓
artist's brush

깃발
flag

성냥개비
matchstick

잠자리
dragonfly

빨대
drinking straw

실크해트
top hat

칫솔
toothbrush

공룡
dinosaur

못
nail

브로콜리
broccoli

부메랑
boomerang

아이스크림콘
ice-cream cone

하키스틱
hockey stick

연필
pencil

WRITTEN BY JULIE WINTERBOTTOM;
ILLUSTRATED BY CHUCK DILLON

도전해 보세요!

오락실에 30개의 숨은 그림이 있대요.
하지만 어떤 그림이 숨어 있는지는 알 수 없어요.
자, 숨은 그림 찾기에 도전해 보세요!

말풍선 채우기

이 새는 무슨 생각을 하고 있는 걸까요?
말풍선을 채운 후 숨은 그림을 찾아보세요.
농구공, 그믐달, 편지봉투, 장갑, 찻잔

ILLUSTRATED BY DAVID COULSON

4-5 봄맞이 청소

6-7 배드민턴 경기

8-9 스노클링 가게

9 퍼즐 맞히기

리지 – 스노클, 11살
에이미 – 물안경, 12살
마이클 – 구명조끼, 10살
에반 – 오리발, 9살

10-11 도전해 보세요!

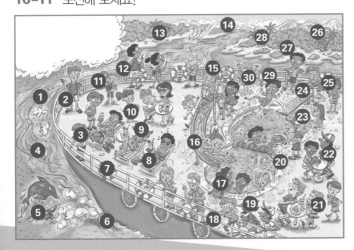

1 줄넘기	11 도넛	21 포크
2 연필	12 자	22 손전등
3 장갑	13 깔때기	23 뱀
4 국자	14 뼈다귀	24 소금통
5 피자	15 지팡이	25 찻잔
6 달걀 프라이	16 허리띠	26 하트
7 조각 레몬	17 서양배	27 눈사람
8 드라이버	18 양초	28 파이
9 숟가락	19 버섯	29 반지
10 그믐달	20 편지봉투	30 왕관

정답

12 피아노 레슨

14-15 아기 캥거루들의 뜀뛰기

16-17 새들의 노래 경연

18-19 외계인의 지구 탐험

22-23 하이디와 지크,
사라진 연을 찾아라!

20-21 숨은 조각 찾기

24-25 말 타기 체험

26–27 아이스크림 가게

27 퍼즐 맞히기

캐서린 – 바닐라 맛,
　　　　알록달록 가루
올리버 – 딸기 맛, 견과류
레나 – 아몬드 맛, 휘핑크림
다니엘 – 초콜릿 맛,
　　　　초콜릿 시럽

28–29 색깔 점토 만들기

30 파도타기

32–33 잃어버린 양말

34–35 외계인의 지구 탐험

36–37 바닷가재들의 레슬링

38-39 멍멍이 수영장

40-41 하이디와 지크, 사라진 선로를 찾아라!

42-43 도전해 보세요!

1 연	11 톱	21 연필
2 야구방망이	12 가위	22 괭이
3 펜	13 나뭇잎	23 딸랑이
4 애벌레	14 낚싯바늘	24 밀방망이
5 파이	15 그믐달	25 왕관
6 국자	16 피자	26 찻잔
7 붓	17 아이스크림콘	27 자
8 허리띠	18 테니스라켓	28 숟가락
9 손전등	19 지팡이	29 머리빗
10 뼈다귀	20 장갑	30 물고기

44 말풍선 채우기

배드민턴 경기 6-7쪽

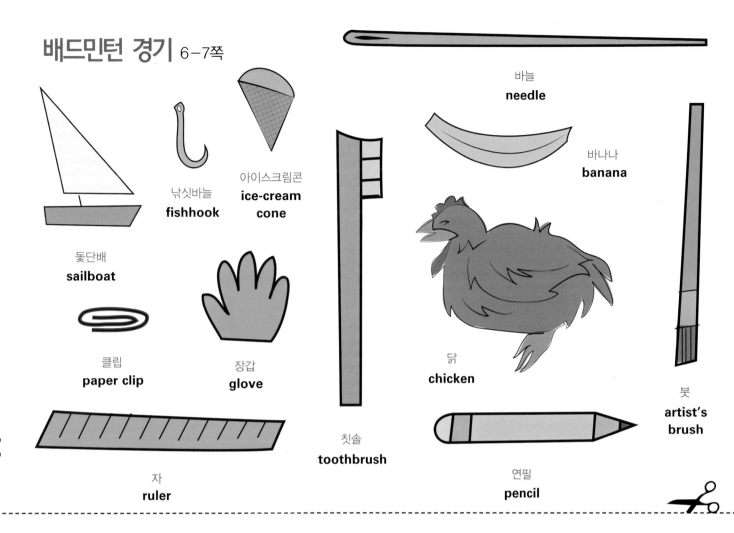

바늘
needle

바나나
banana

아이스크림콘
ice-cream cone

낚싯바늘
fishhook

돛단배
sailboat

클립
paper clip

장갑
glove

닭
chicken

붓
artist's brush

칫솔
toothbrush

연필
pencil

자
ruler

새들의 노래 경연 16-17쪽

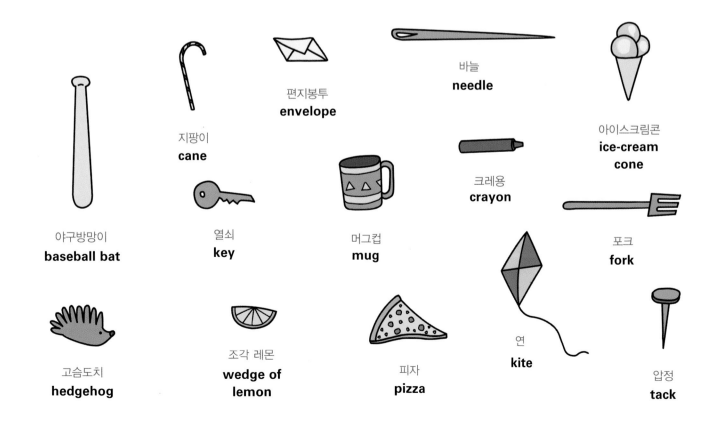

편지봉투
envelope

바늘
needle

아이스크림콘
ice-cream cone

지팡이
cane

크레용
crayon

야구방망이
baseball bat

열쇠
key

머그컵
mug

포크
fork

고슴도치
hedgehog

조각 레몬
wedge of lemon

피자
pizza

연
kite

압정
tack

말 타기 체험 24-25쪽

펜
pen

조각 수박
slice of watermelon

사탕
candy

바나나
banana

드라이버
screwdriver

슬리퍼
slipper

벙어리장갑
mitten

돌고래
dolphin

붓
artist's brush

노
paddle

파이
pie

볼링핀
bowling pin

먼지떨이
feather duster

바닷가재들의 레슬링

36-37쪽

화살
arrow

양초
candle

머그컵
mug

양말
sock

그믐달
crescent moon

막대사탕
lollipop

볼링핀
bowling pin

아이스크림콘
ice-cream cone

깃털
feather

바나나
banana

피자
pizza

풍선
balloon

연필
pencil

꽃
flower